À Cécile et Philippe, et aux chats !

S.B.

À mon gros Mamat qui n'est plus là.

C.A.

Loi 49 956 du 16 juillet 1949 sur les publications destinées à la jeunesse
Dépôt légal : premier semestre 2001
N° d'édition : 12 122
ISBN : 2-226-11-807-1
Imprimé en France par Pollina

Texte de Stéphane Bridoulot

DES FLEURS, PAS DE MOTEURS !

Illustrations de Christian Aubrun

ALBIN MICHEL JEUNESSE

Ce soir, j'ai rendez-vous
avec Minette...
Alors, j'enfourche mon vélo et...

Zoooooum, je plonge dans l'ahurissante

fourmilière de la rue !

Les bruits du matin me mettent en train :

CLING! GLANG! Oups, le seau !

Le marché, les commerçants qui ouvrent leurs boutiques, les balayeurs, tout le monde est là :

La journée peut commencer.

Un peu plus loin,
les mémés et leurs toutous chéris

sont un excellent exercice de slalom
sur les trottoirs.

Oh, là ! Que se passe-t-il ? Un embouteillage de rhino-voitures !... Sacrée collision !

À grand renfort de sirène,
l'ambulance intervient déjà.

La ville est une vraie jungle...

... et ce n'est pas forcément les plus costauds qui s'en sortent...

... ni les plus beaux ...

... pas même les plus malins !

La chance peut jouer bien sûr...

mais il ne faut pas trop compter dessus !

Hummm, je crois que je me suis un peu

perdu... Attention! TTTûûuut!

Pour y voir plus clair,

prenons de l'altitude !

OPÉRA
CUICUI
SACRÉ
CŒU
CHAMP
DE
FLEURS
BATEAU
POISSON
TOURNESOL
STATION
INSECTE
TAXI
PONT
PIEUVR
TOUR
EIFFEL
VASE
VER
DE TERRE
GUIDE
TAXI

Voilà comment je rêve ma ville, moi !

Allez, assez de divagations pour aujourd'hui :

redescendons sur terre !

Hé, on s'agite ici ! Ah mais oui, c'est le printemps aujourd'hui ! Voici la manifestation des fleurs !

Au premier rang les bourgeons, suivis des fleurs,
puis des fruits...

... et des arbres. Des nuages sont même venus en curieux et le vent est là aussi pour fermer

la marche et balayer les feuilles mortes.

La ville réserve toujours des surprises
et promet des rencontres extraordinaires.

Justement, il est grand temps de retrouver
Minette, mon adorée.

Pour moi, même avec ses défauts,

Paris sera toujours la capitale des amoureux !

« J'ai deux amours, ma chérie et Paris ! »